# De Partitione Oratoria

46

CICERO

# TABLE OF CONTENTS

DE PARTITIONE ORATORIA                5

# DE PARTITIONE ORATORIA

[1] CICERO FILIUS. Studeo, mi pater, Latine ex te audire ea quae mihi tu de ratione dicendi Graece tradidisti--si modo tibi est otium, et si vis. CICERO PATER. An est, mi Cicero, quod ego malim quam te quam doctissimum esse? Otium autem primum est summum, quoniam aliquando Roma exeundi potestas data est; deinde ista tua studia vel maximis occupationibus meis anteferrem libenter.
[2] C.F. Visne igitur, ut tu me Graece soles ordine interrogare, sic ego te vicissim eisdem de rebus Latine interrogem? C.P. Sane, si placet. Sic enim et ego te meminisse intellegam quae accepisti et tu ordine audies quae requires.
[3] C.F. Quot in partes distribuenda est omnis doctrina dicendi? C.P. In tres. C.F. Cedo quas? C.P. Primum in ipsam vim oratoris, deinde in orationem, tum in quaestionem. C.F. In quo est ipsa vis? C.P. In rebus et verbis. Sed et res et verba invenienda sunt et collocanda--proprie autem in rebus invenire, in verbis eloqui dicitur, collocare autem, etsi est commune, tamen ad inveniendum refertur. Vox, motus, vultus atque omnis actio eloquendi comes est, earumque rerum omnium custos est memoria.
[4] C.F. Quid? orationis quot sunt partes? C.P. Quattuor. Earum duae valent ad rem docendam, narratio et confirmatio, ad impellendos animos duae, principium et peroratio. C.F. Quid? Quaestio quasnam habet partes? C.P. Infinitam, quam consultationem appello, et definitam, quam causam nomino.
[5] C.F. Quoniam igitur invenire primum est oratoris, quid quaeret? C.P. Ut inveniat quemadmodum fidem faciat eis quibus volet persuadere et quemadmodum motum eorum animis afferat. C.F. Quibus rebus fides fit? C.P. Argumentis, quae ducuntur ex locis aut in re ipsa insitis aut assumptis. C.F. Quos vocas locos? C.P. Eos in quibus latent argumenta. C.F. Quid est

argumentum? C.P. Probabile inventum ad faciendam fidem.
[6] C.F. Quomodo igitur duo genera ista dividis? C.P. Quae sine arte putantur, ea remota appello, ut testimonia. C.F. Quid insita? C.P. Quae inhaerent in ipsa re. C.F. Testimoniorum quae sunt genera? C.P. Divinum et humanum: divinum, ut oracula, ut auspicia, ut vaticinationes, ut responsa sacerdotum, haruspicum, coniectorum, humanum, quod spectatur ex auctoritate et ex voluntate et ex oratione aut libera aut expressa: in quo insunt scripta, pacta, promissa, iurata, quaesita.
[7] C.F. Quae sunt quae dicis insita? C.P. Quae infixa sunt rebus ipsis, [tum ex toto, tum ex partibus, tum ex notatione, tum ex eis rebus quae quodammodo affectae sunt ad id de quo quaeritur et ad id totum de quo disseritur; tum definitio adhibetur, tum partium enumeratio, tum notatio verbi; ex eis autem rebus quae quodammodo affectae sunt ad id de quo quaeritur alia coniugata appellantur [alia] ex genere, alia ex forma, alia ex similitudine, alia ex differentia, alia ex contrario, alia ex coniunctis, alia ex antecedentibus, alia ex consequentibus, alia ex repugnantibus, alia ex causis, alia ex effectis, alia ex comparatione maiorum aut parium aut minorum:] ut definitio, ut contrarium, ut ea quae sunt ipsi contrariove eius aut similia aut dissimilia aut consentanea aut dissentanea: ut ea quae sunt quasi coniuncta aut ea quae sunt quasi pugnantia inter se: ut earum rerum de quibus agitur causae, aut causarum eventus, id est, quae sunt effecta de causis: ut distributiones, ut genera partium generumve partes: ut primordia rerum et quasi praecurrentia, in quibus inest aliquid argumenti: ut rerum contentiones, quid maius, quid par, quid minus sit, in quibus aut naturae rerum aut facultates comparantur.
[8] C.F. Omnibusne igitur ex his locis argumenta sumemus? C.P. Immo vero scrutabimur et quaeremus ex omnibus: sed adhibebimus iudicium ut levia semper reiiciamus, nonnumquam etiam communia praetermittamus et non necessaria. C.F. Quoniam de fide respondisti, volo audire de motu. C.P. Loco quidem quaeris, sed planius quod vis explicabitur cum ad orationis ipsius quaestionumque rationem venero.
[9] C.F. Quid sequitur igitur? C.P. Cum inveneris, collocare: cuius in infinita quaestione ordo est idem fere quem exposui locorum; in definita autem adhibenda sunt illa etiam quae ad motus animorum pertinent. C.F. Quomodo igitur ista explicas? C.P. Habeo communia praecepta fidem faciendi et commovendi. Quoniam fides est firma opinio, motus autem animi incitatio aut ad voluptatem aut ad molestiam aut ad metum aut ad cupiditatem (tot enim sunt motus genera, partes plures generum singulorum), omnem collocationem ad finem accommodo quaestionis. Nam est in proposito finis fides, in causa et fides et motus. Quare cum de causa dixero, in qua est propositum, de utroque dixero.
[10] C.F. Quid habes igitur de causa dicere? C.P. Auditorum eam genere distingui. Nam aut auscultator est modo qui audit aut disceptator, id est, rei

sententiaeque moderator: ita ut aut delectetur aut statuat aliquid. Statuit autem aut de praeteritis, ut iudex, aut de futuris, ut senatus. Sic tria sunt genera, iudicii, deliberationis, exornationis-- quae quia in laudationes maxime confertur, proprium habet iam ex eo nomen.

[11] C.F. Quas res sibi proponet in istis tribus generibus orator? C.P. Delectationem in exornatione, in iudicio aut saevitiam aut clementiam iudicis, in suasione autem aut spem aut reformidationem deliberantis. C.F. Cur igitur exponis hoc loco genera controversiarum? C.P. Ut rationem collocandi ad finem cuiusque accommodem.

[12] C.F. Quonam tandem modo? C.P. Quia quibus in orationibus delectatio finis est varii sunt ordines collocandi. Nam aut temporum servantur gradus aut generum distributiones, aut a minoribus ad maiora ascendimus aut a maioribus ad minora delabimur: aut haec inaequabili varietate distinguimus, cum parva magnis, simplicia coniunctis, obscura dilucidis, laeta tristibus, incredibilia probabilibus inteximus, quae in exornationem cadunt omnia.

[13] C.F. Quid? in deliberatione quid spectas? C.P. Principia vel non longa vel saepe nulla; sunt enim ad audiendum qui deliberant sua causa parati. Nec multum sane saepe narrandum est; est enim narratio aut praeteritarum rerum aut praesentium, suasio autem futurarum. Quare ad fidem et ad motum adhibenda est omnis oratio.

[14] C.F. Quid? in iudiciis quae est collocatio? C.P. Non eadem accusatoris et rei, quod accusator rerum ordinem prosequitur et singula argumenta quasi hasta in manu collocata vehementer proponit, concludit acriter, confirmat tabulis, decretis, testimoniis, accuratiusque in singulis commoratur; perorationisque praeceptis, quae ad incitandos animos valent, et in reliqua oratione paullulum digrediens de cursu dicendi utitur et vehementius in perorando. Est enim propositum ut iratum efficiat iudicem.

[15] C.F. Quid faciendum est contra reo? C.P. Omnia longe secus. Sumenda principia ad benevolentiam conciliandam; narrationes aut amputandae quae laedunt, aut relinquendae si totae sunt molestae; firmamenta ad fidem posita aut per se diluenda aut obscuranda aut degressionibus obruenda; perorationes autem ad misericordiam conferendae. C.F. Semperne igitur ordinem collocandi quem volumus tenere possumus? C.P. Non sane; nam auditorum aures moderantur oratori prudenti et provido, et quod respuunt immutandum est.

[16] C.F. Expone deinceps quae ipsius orationis verborumque praecepta sint. C.P. Unum igitur genus est eloquendi sua sponte fusum, alterum conversum atque mutatum. Prima vis est in simplicibus verbis, in coniunctis secunda. Simplicia invenienda sunt, coniuncta collocanda. Et simplicia verba partim nativa sunt, partim reperta: nativa ea quae significata sunt sensu, reperta quae ex his facta sunt et novata aut similitudine aut imitatione aut inflexione aut adiunctione verborum. [17] Atque etiam est haec

distinctio in verbis--altera natura, tractatione altera: natura, ut sint alia sonantiora, grandiora, leviora et quodammodo nitidiora, alia contra; tractatione autem, cum aut propria sumuntur rerum vocabula aut addita ad nomen aut nova aut prisca aut ab oratore modificata et inflexa quodammodo--qualia sunt ea quae transferuntur aut immutantur aut ea quibus tamquam abutimur aut ea quae obscuramus, quae incredibiliter tollimus quaeque mirabilius quam sermonis consuetudo patitur ornamus.

[18] C.F. Habeo de simplicibus verbis: nunc de coniunctione quaero. C.P. Numeri quidam sunt in coniunctione servandi, consecutioque verborum. Numeros aures ipsae metiuntur, ne aut non compleas verbis quod proposueris aut redundes; consecutio autem, ne generibus, numeris, temporibus, personis, casibus perturbetur oratio. Nam ut in simplicibus verbis quod non est Latinum, sic in coniunctis quod non est consequens vituperandum est. [19] Communia autem simplicium coniunctorumque sunt haec quinque quasi lumina, dilucidum, breve, probabile, illustre, suave. Dilucidum fit usitatis verbis propriis, dispositis aut circumscriptione conclusa aut intermissione aut concisione verborum. Obscurum autem aut longitudine aut contractione orationis aut ambiguitate aut inflexione atque immutatione verborum. Brevitas autem conficitur simplicibus verbis semel una quaque re dicenda, nulli rei nisi ut dilucide dicas serviendo. Probabile autem genus est orationis si non nimis est comptum atque expolitum, si est auctoritas et pondus in verbis, si sententiae vel graves vel aptae opinionibus hominum et moribus. [20] Illustris autem oratio est si et verba gravitate delecta ponuntur et translata et superlata et ad nomen adiuncta et duplicata et idem significantia atque ab ipsa actione atque imitatione rerum non abhorrentia. Est enim haec pars orationis quae rem constituat paene ante oculos, is enim maxime sensus attingitur: sed ceteri tamen, et maxime mens ipsa moveri potest. Sed quae dicta sunt de oratione dilucida, cadunt in hanc illustrem omnia; est enim pluris aliquanto illustre quam illud dilucidum: altero fit ut intellegamus, altero vero ut videre videamur. [21] Suave autem genus erit dicendi primum elegantia et iucunditate verborum sonantium et lenium, deinde coniunctione quae neque asperos habeat concursus neque disiunctos atque hiantes et sit circumscripta non longo anfractu sed ad spiritum vocis apto habeatque similitudinem aequalitatemque verborum; tum ex contrariis sumpta verbis, crebra crebris, paria paribus respondeant: relataque ad idem verbum et geminata [atque duplicata] vel etiam saepius iterata ponantur, constructioque verborum tum coniunctionibus copuletur, tum dissolutionibus relaxetur. [22] Fit etiam suavis oratio cum aliquid aut invisum aut inauditum aut novum dicas. Delectat enim quidquid est admirabile, maximeque movet ea quae motum aliquem animi miscet oratio, quaeque significat oratoris ipsius amabiles mores: qui exprimuntur aut significando iudicio ipsius et animo humano ac liberali, aut inflexione sermonis cum aut augendi alterius aut minuendi sui causa alia dici ab

oratore, alia existimari videntur, idque comitate fieri magis quam vanitate. Sed multa sunt suavitatis praecepta quae orationem aut magis obscuram aut minus probabilem faciant; itaque etiam hoc loco nobis est ipsis quid causa postulet iudicandum.

[23] C.F. Reliquum est igitur ut dicas de conversa oratione atque mutata. C.P. Est itaque id genus totum situm in commutatione verborum: quae simplicibus in verbis ita tractatur ut aut ex verbo dilatetur aut in verbum contrahatur oratio--ex verbo cum aut proprium aut idem significans aut factum verbum in plura verba diducitur, ex oratione cum aut definitio ad unum verbum revocatur aut assumpta verba removentur aut circuitus diriguntur aut in coniunctione fit unum verbum ex duobus; [24] in coniunctis autem verbis triplex adhiberi potest commutatio, non verborum sed ordinis tantummodo, ut cum semel dictum sit directe sicut natura ipsa tulerit, invertatur ordo et idem quasi sursum versus retroque dicatur, deinde idem intercise atque permixte. Eloquendi autem exercitatio maxime in hoc toto convertendi genere versatur.

[25] C.F. Actio igitur sequitur, ut opinor. C.P. Est ita: quae quidem oratori et cum rerum et cum verborum momentis commutanda maxime est. Facit enim et dilucidam orationem et illustrem et probabilem et suavem non verbis sed varietate vocum, motu corporis, vultu, quae plurimum valebunt si cum orationis genere consentient eiusque vim ac varietatem subsequentur.

[26] C.F. Num quidnam de oratore ipso restat? C.P. Nihil sane praeter memoriam, quae est gemina litteraturae quodammodo et in dissimili genere persimilis. Nam ut illa constat ex notis litterarum et ex eo in quo imprimuntur illae notae, sic confectio memoriae tamquam cera locis utitur et in his imagines ut litteras collocat.

[27] C.F. Quoniam igitur vis oratoris omnis exposita est, quid habes de orationis praeceptis dicere? C.P. Quattuor esse eius partes, quarum prima et postrema ad motum animi valet--is enim initiis est et perorationibus concitandus--, secunda, narratio, et tertia, confirmatio, fidem facit orationi. Sed amplificatio quamquam habet proprium locum, saepe etiam primum, postremum quidem fere semper, tamen reliquo in cursu orationis adhibenda est, maximeque cum aliquid aut confirmatum est aut reprehensum. Itaque ad fidem quoque vel plurimum valet; est enim amplificatio vehemens quaedam argumentatio, ut illa docendi causa sit, haec commovendi.

[28] C.F. Perge igitur ordine quattuor istas mihi partes explicare. C.P. Faciam, et a principiis primum ordiar, quae quidem ducuntur aut ex personis aut ex rebus ipsis; sumuntur autem trium rerum gratia: ut amice, ut intellegenter, ut attente audiamur. Quorum primus locus est in personis nostris, disceptatorum, adversariorum; e quibus initia benevolentiae conciliandae comparantur aut meritis nostris efferendis aut dignitate aut aliquo genere virtutis, et maxime liberalitatis, officii, iustitiae, fidei,

contrariisque rebus in adversarios conferendis, et cum eis qui disceptant aliqua coniunctionis aut causa aut spe significanda: et si in nos aliquod odium offensiove collocata sit, tollenda ea minuendave aut diluendo aut extenuando aut compensando aut deprecando. [29] Intellegenter autem ut audiamur et attente, a rebus ipsis ordiendum est. Sed facillime auditor discit et quid agatur intellegit si complectare a principio genus naturamque causae, si definias, si dividas, si neque prudentiam eius impedias confusione partium nec memoriam multitudine; quaeque mox de narratione dilucida dicentur, eadem etiam huc poterunt recte referri. [30] Ut attente autem audiamur, trium rerum aliqua consequemur; nam aut magna quaedam proponemus aut necessaria aut coniuncta cum ipsis apud quos res agetur. Sit autem hoc etiam in praeceptis, ut si quando tempus ipsum aut res aut locus aut interventus alicuius aut interpellatio aut ab adversario dictum aliquod, et maxime in perorando, dederit occasionem nobis aliquam ut dicamus aliquid ad tempus apte, ne derelinquamus; et quae suo loco de amplificatione dicemus, multa ex his poterunt ad principiorum praecepta transferri.

[31] C.F. Quid? in narratione quae tandem conservanda sunt? C.P. Quoniam narratio est rerum explicatio et quaedam quasi sedes ac fundamentum constituendae fidei, ea sunt in ea servanda maxime quae etiam in reliquis fere dicendi partibus: quae partim sunt necessaria, partim assumpta ad ornandum. Nam ut dilucide probabiliterque narremus, necessarium est, sed assumimus etiam suavitatem. [32] Ergo ad dilucide narrandum eadem illa superiora explicandi et illustrandi praecepta repetemus, in quibus est brevitas ea quae saepissime in narratione laudatur, de qua supra dictum est. Probabilis autem erit si personis, si temporibus, si locis ea quae narrabuntur consentient: si cuiusque facti et eventi causa ponetur: si testata dici videbuntur, si cum hominum auctoritate, si cum lege, cum more, cum religione coniuncta: si probitas narrantis significabitur, si antiquitas, si memoria, si orationis veritas, et vitae fides. Suavis autem narratio est quae habet admirationes, exspectationes, exitus inopinatos, interpositos motus animorum, colloquia personarum, dolores, iracundias, metus, laetitias, cupiditates. Sed iam ad reliqua pergamus.

[33] C.F. Nempe ea sequuntur quae ad faciendam fidem pertinent. C.P. Ita est: quae quidem in confirmationem et reprehensionem dividuntur. Nam in confirmando nostra probare volumus, in reprehendendo redarguere contraria. Quoniam igitur omne quod in controversiam venit, id aut an sit necne aut quid sit aut quale sit quaeritur, in primo coniectura valet, in altero definitio, in tertio ratio.

[34] C.F. Teneo istam distributionem: nunc coniecturae locos quaero. C.P. In verisimilibus et in propriis rerum notis posita est tota. Sed appellemus docendi gratia verisimile quod plerumque ita fiat, ut adolescentiam procliviorem esse ad libidinem; propriae autem notae argumentum quod numquam aliter fit certumque declarat, ut fumus ignem. Verisimilia

reperiuntur ex partibus et quasi membris narrationis; ea sunt in personis, in locis, in temporibus, in factis, in eventis, in rerum ipsarum negotiorumque naturis. [35] In personis naturae primum spectantur, valetudinis, figurae, virium, aetatis, marium, feminarum: atque haec quidem in corpore; animi autem aut quemadmodum affecti sint virtutibus, vitiis, artibus inertiis, aut quemadmodum commoti cupiditate, metu, voluptate, molestia. Atque haec quidem in natura spectantur. In fortuna genus, amicitiae, liberi, propinqui, affines, opes, honores, potestates, divitiae, libertas, et ea quae sunt eis contraria. [36] In locis autem et illa naturalia, maritimi an remoti a mari, plani an montuosi, leves an asperi, salubres an pestilentes, opaci an aprici, et illa fortuita, culti an inculti, celebres an deserti, coaedificati an vasti, obscuri an rerum gestarum vestigiis nobilitati, consecrati an profani. [37] In temporibus autem praesentia [et] praeterita [et] futura cernuntur; in his ipsis vetusta, recentia, instantia, paullo post aut aliquando futura. Insunt etiam in temporibus illa quae temporis quasi naturam notant, ut [hiems, ver, aestas, auctumnus aut] anni tempora, ut mensis, ut dies, [ut] nox, hora, [tempestas] quae sunt naturalia: fortuita autem sacrificia, festi dies, nuptiae. [38] Iam facta et eventus aut consilii sunt aut imprudentiae, quae est aut in casu aut in quadam animi permotione: casu cum aliter cecidit ac putatum sit, permotione cum aut oblivio aut error aut metus aut aliqua cupiditatis causa permovit. Est etiam in imprudentia necessitas ponenda. Rerum autem bonarum et malarum tria sunt genera, nam aut in animis aut in corporibus aut extra esse possunt. Huius igitur materiae ad argumentum subiectae perlustrandae animo partes erunt omnes, et ad id quod agetur ex singulis coniectura capienda. [39] Est etiam genus argumentorum aliud quod ex facti vestigiis sumitur, ut telum, cruor, clamor editus, titubatio, permutatio coloris, oratio inconstans, tremor, ceterorum aliquid quod sensu percipi possit; etiamsi praeparatum aliquid, si communicatum cum aliquo, si postea visum, auditum, indicatum. [40] Verisimilia autem partim singula movent suo pondere, partim etiamsi videntur esse exigua per se, multum tamen cum sunt coacervata proficiunt. Atque in his verisimilibus insunt nonnumquam etiam certae rerum et propriae notae. Maximam autem facit fidem ad similitudinem veri primum exemplum, deinde introducta rei similitudo; fabula etiam nonnumquam, etsi est incredibilis, tamen homines commovet.
[41] C.F. Quid? definitionis quae ratio est et quae via? C.P. Non dubium est id quidem quin definitio genere declaretur et proprietate quadam aut etiam communium frequentia ex quibus proprium quid sit eluceat. Sed quoniam de propriis oritur plerumque magna dissensio, definiendum est saepe ex contrariis, saepe etiam ex dissimilibus, saepe ex paribus. Quam ob rem descriptiones quoque sunt in hoc genere saepe aptae et enumeratio consequentium, in primisque commovet explicatio vocabuli ac nominis.
[42] C.F. Sunt exposita iam fere ea quae de facto quaeque de facti appellatione quaeruntur. Nempe igitur ea restant quae, cum factum constet

et nomen, qualia sint vocatur in dubium. C.P. Est ita ut dicis. C.F. Quae sunt igitur in eo genere partes? C.P. Aut iure factum depellendi aut ulsciscendi doloris gratia, aut pietatis aut pudicitiae aut religionis aut patriae nomine, aut denique necessitate, inscitia, casu. [43] Nam quae motu animi et perturbatione facta sine ratione sunt, ea defensionem contra crimen in legitimis iudiciis non habent, in liberis disceptationibus habere possunt. Hoc in genere, in quo quale sit quaeritur, [ex controversia] iure et recte necne actum sit quaeri solet: quorum disputatio ex locorum descriptione sumenda est.
[44] C.F. Age sis ergo, quoniam in confirmationem et reprehensionem diviseras orationis fidem, et dictum de altero est, expone nunc de reprehendendo. C.P. Aut totum est negandum quod in argumentatione adversarius sumpserit, si fictum aut falsum esse possis docere, aut redarguenda ea quae pro verisimilibus sumpta sint: primum dubia sumpta esse pro certis, deinde etiam in perspicue falsis eadem posse dici, tum ex eis quae sumpserit non effici quod velit. Accidere autem oportet singula: sic universa frangentur. Commemoranda sunt etiam exempla quibus simili in disputatione creditum non sit, conquerenda conditio communis periculi si ingeniis hominum criminosorum sit exposita vita innocentium.
[45] C.F. Quoniam unde inveniuntur quae ad fidem pertinent habeo, quemadmodum in dicendo singula tractentur exspecto. C.P. Argumentationem quaerere videris, quae est argumenti explicatio[: quae sumpta ex eis locis qui sunt expositi conficienda et distinguenda dilucide est]. C.F. Plane istuc ipsum desidero.
[46] C.P. Est ergo (ut supra dictum est) explicatio argumenti argumentatio: sed ea conficitur cum sumpseris aut non dubia aut probabilia ex quibus id efficias quod aut dubium aut minus probabile per se videtur. Argumentandi autem duo sunt genera, quorum alterum ad fidem directo spectat, alterum se inflectit ad motum. Dirigitur cum proposuit aliquid quod probaret sumpsitque ea quibus niteretur, atque his confirmatis ad propositum se rettulit atque conclusit. Illa autem altera argumentatio quasi retro et contra: prius sumit quae vult eaque confirmat, deinde id quod proponendum fuit permotis animis iacit ad extremum. [47] Est autem illa varietas in argumentando et non iniucunda distinctio, ut cum interrogamus nosmet ipsi aut percunctamur aut imploramus aut optamus--quae sunt cum aliis compluribus sententiarum ornamenta. Vitare autem similitudinem poterimus non semper a proposito ordientes, et si non omnia disputando confirmabimus, breviterque interdum quae erunt satis aperta ponemus quodque ex his efficietur, si id apertum sit, non habebimus necesse semper concludere.
[48] C.F. Quid? illa quae sine arte appellantur, quae iamdudum assumpta dixisti, ecquonam modo artis indigent? C.P. Illa vero indigent, nec eo dicuntur sine arte quod ita sunt, sed quod ea non parit oratoris ars sed foris

ad se delata tamen arte tractat, et maxime in testibus. [49] Nam et de toto genere testium quam id sit infirmum saepe dicendum est, et argumenta rerum esse propria, testimonia voluntatum, utendumque est exemplis quibus testibus creditum non sit; et de singulis testibus, si natura vani, si leves, si cum ignominia, si spe, si metu, si iracundia, si misericordia impulsi, si praemio, si gratia adducti; comparandique superiore cum auctoritate testium quibus tamen creditum non sit. [50] Saepe etiam quaestionibus resistendum est, quod et dolorem fugientes multi in tormentis ementiti persaepe sint morique maluerint falsum fatendo quam infitiando dolere; multi etiam suam vitam neglexerint ut eos qui eis cariores quam ipsi sibi essent liberarent, alii autem aut natura corporis aut consuetudine dolendi aut metu supplicii ac mortis vim tormentorum pertulerint, alii ementiti sint in eos quos oderant. Atque haec exemplis firmanda sunt. [51] Neque est obscurum, quin, quoniam in utramque partem sunt exempla et item ad coniecturam faciendam loci, in contrariis contraria sint sumenda. Atque etiam incurrit alia quaedam in testibus et in quaestionibus ratio; saepe enim ea quae dicta sunt si aut ambigue aut inconstanter aut incredibiliter dicta sunt aut etiam aliter ab alio dicta, subtiliter reprehenduntur.

[52] C.F. Extrema tibi pars restat orationis, quae posita in perorando est, de qua sane velim audire. C.P. Facilior est explicatio perorationis. Nam est divisa in duas partes, amplificationem et enumerationem. Augendi autem et hic est proprius locus in perorando, et in cursu ipso orationis declinationes ad amplificandum dantur confirmata re aliqua aut reprehensa. [53] Est igitur amplificatio gravior quaedam affirmatio quae motu animorum conciliet in dicendo fidem. Ea et verborum genere conficitur et rerum. Verba ponenda sunt quae vim habeant illustrandi nec ab usu sint abhorrentia, gravia, plena, sonantia, iuncta, facta, cognominata, non vulgata, superlata, in primisque translata; nec in singulis verbis sed in continentibus soluta, quae dicuntur sine coniunctione, ut plura videantur. [54] Augent etiam relata verba, iterata, duplicata, et ea quae ascendunt gradatim ab humilioribus ad superiora; omninoque semper quasi naturalis et non explanata oratio, sed gravibus referta verbis, ad augendum accommodatior. Haec igitur in verbis, quibus actio vocis, vultus et gestus congruens et apta ad animos permovendos accommodanda est. Sed et in verbis et in actione causa erit tenenda et pro re agenda; nam haec quia videntur perabsurda cum graviora sunt quam causa fert, diligenter quid quemque deceat iudicandum est. [55] Rerum amplificatio sumitur eisdem ex locis omnibus quibus illa quae dicta sunt ad fidem; maximeque definitiones valent conglobatae et consequentium frequentatio et contrariarum et dissimilium et inter se pugnantium rerum conflictio, et causae, et ea quae sunt de causis orta, maximeque similitudines et exempla; fictae etiam personae, muta denique loquantur; omninoque ea sunt adhibenda, si causa patitur, quae magna habentur, quorum est duplex genus: [56] alia enim magna natura videntur, alia usu--natura, ut caelestia, ut

divina, ut ea quorum obscurae causae, ut in terris mundoque admirabilia quae sunt, ex quibus similibusque, si attendas, ad augendum permulta suppetunt; usu, quae videntur hominibus aut prodesse aut obesse vehementius, quorum sunt genera ad amplificandum tria. Nam aut caritate moventur homines, ut deorum, ut patriae, ut parentum, aut amore, ut fratrum, ut coniugum, ut liberorum, ut familiarium, aut honestate, ut virtutum, maximeque earum quae ad communionem hominum et liberalitatem valent. Ex eis et cohortationes sumuntur ad ea retinenda, et in eos a quibus ea violata sunt odia incitantur et miseratio nascitur. [57] [Proprius locus est augendi in his rebus aut amissis aut amittendi periculo.] Nihil est enim tam miserabile quam ex beato miser, et hoc totum quidem moveat, si bona ex fortuna quis cadat, et a quorum caritate divellatur, quae amittat aut amiserit, in quibus malis sit futurusve sit exprimatur breviter-- cito enim arescit lacrima, praesertim in alienis malis; nec quidquam in amplificatione nimis enucleandum est, minuta est enim omnis diligentia; hic autem locus grandia requirit.

[58] Illud iam est iudicii, quo quaque in causa genere utamur augendi. In illis enim causis quae ad delectationem exornantur ei loci tractandi sunt qui movere possunt exspectationem, admirationem, voluptatem; in cohortationibus autem bonorum ac malorum enumerationes et exempla valent plurimum. In iudiciis accusatori fere quae ad iracundiam, reo plerumque quae ad misericordiam pertinent; nonnumquam tamen accusator misericordiam movere debet et defensor iracundiam.

[59] Enumeratio reliqua est, nonnumquam laudatori, suasori non saepe, accusatori saepius quam reo necessaria. Huius tempora duo sunt, si aut memoriae diffidas eorum apud quos agas vel intervallo temporis vel longitudine orationis, aut frequentatis firmamentis orationis et breviter expositis vim est habitura causa maiorem. [60] Et reo rarius utendum est, quod ponenda sunt contraria, quorum dissolutio in brevitate lucebit, aculei pungent. Sed erit in enumeratione vitandum ne ostentatio memoriae suscepta videatur esse puerilis. Id effugiet qui non omnia minima repetet sed brevia singula attingens pondera rerum ipsa comprehendet.

[61] C.F. Quoniam et de ipso oratore et de oratione dixisti, expone eum mihi nunc quem ex tribus extremum proposuisti, quaestionis locum. C.P. Duo sunt, ut initio dixi, quaestionum genera, quorum alterum finitum temporibus et personis, causam appello, alterum infinitum nullis neque personis neque temporibus notatum propositum voco. Sed est consultatio quasi pars causae quaedam et controversiae: inest enim infinitum in definito, et ad illud tamen referuntur omnia. [62] Quam ob rem prius de proposito dicamus, cuius genera sunt duo--cognitionis alterum; eius scientia est finis, ut verine sint sensus: alterum actionis, quod refertur ad efficiendum quid, ut si quaeratur quibus officiis amicitia colenda sit. Rursus superioris genera sunt tria: sit necne, quid sit, quale sit. Sit necne, ut ius in

naturane sit an in more; quid autem sit, sitne ius id quod maiori parti sit utile; quale autem sit, iuste vivere sit necne utile. [63] Actionis autem duo sunt genera--unum ad persequendum aliquid aut declinandum, ut quibus rebus adipisci gloriam possis aut quomodo invidia vitetur, alterum quod ad aliquod commodum usumque refertur, ut quemadmodum sit respublica administranda aut quemadmodum in paupertate vivendum. [64] Rursus autem ex cognitionis consultatione, ubi sit necne sit aut fuerit futurumve sit quaeritur, unum genus est quaestionis, possitne aliquid effici? ut cum quaeritur, ecquisnam perfecte sapiens esse possit? alterum, quemadmodum quidque fiat, ut quonam pacto virtus pariatur, naturane an ratione an usu? Cuius generis sunt omnes in quibus, ut in obscuris naturalibusque quaestionibus, causae rationesque rerum explicantur. [65] Illius autem generis in quo quid sit id de quo agitur quaeritur duo sunt genera, quorum in altero disputandum est, aliud an idem sit, ut pertinacia et perseverantia, in altero autem descriptio generis alicuius et quasi imago exprimenda est, ut qualis sit avarus aut quid sit superbia. [66] Tertio autem in genere, in quo quale sit quaeritur, aut de honestate aut de utilitate aut de aequitate dicendum est. De honestate sic, ut honestumne sit pro amico periculum aut invidiam subire; de utilitate autem sic, ut sitne utile in republica administranda versari; de aequitate vero sic, ut sitne aequum amicos cognatis anteferre. Atque in hoc eodem genere in quo quale sit quaeritur exoritur aliud quoddam disputandi genus. Non enim simpliciter solum quaeritur quid honestum sit, quid utile, quid aequum, sed etiam ex comparatione, quid honestius, quid utilius, quid aequius, atque etiam, quid honestissimum, quid utilissimum, quid aequissimum; cuius generis illa sunt quae praestantissima sit dignitas vitae. Atque ea quidem quae dixi cognitionis sunt omnia. [67] Restant actionis, cuius alterum est praecipiendi genus quod ad rationem officii pertinet, ut quemadmodum colendi sint parentes, alterum autem ad sedandos animos et oratione sanandos, ut in consolandis maeroribus, ut in iracundia comprimenda aut in timore tollendo aut in cupiditate minuenda. Cui quidem generi contrarium est disputandi genus ad eosdem illos animi motus, quod in amplificanda oratione saepe faciendum est, vel gignendos vel concitandos. Atque haec fere est partitio consultationum.

[68] C.F. Cognovi: sed quae ratio sit in his inveniendi et disponendi requiro. C.P. Quid? tu aliamne censes et non eamdem quae est exposita, ut ex eisdem locis ad fidem et ad inveniendum ducantur omnia? Collocandi autem quae est exposita in aliis ratio, eadem huc transfertur. C.F. Cognita igitur omni distributione propositarum consultationum, causarum genera restant.

[69] C.P. Admodum; et earum quidem forma duplex est, quarum altera delectationem sectatur audientium, alterius ut obtineat, probet et efficiat quod agit, omnis est suscepta contentio. Itaque illud superius exornatio

dicitur, quod cum latum genus esse potest saneque varium, unum ex eo delegimus, quod ad laudandos claros viros suscipimus et ad improbos vituperandos. Genus enim nullum est orationis quod aut uberius ad dicendum aut utilius civitatibus esse possit aut in quo magis orator in cognitione virtutum vitiorumque versetur. Reliquum autem genus causarum aut in provisione posteri temporis aut in praeteriti disceptatione versatur, quorum alterum deliberationis est, alterum iudicii. [70] Ex qua partitione tria genera causarum exstiterunt, unum quod a meliori parte laudationis est appellatum, deliberationis alterum, tertium iudiciorum. Quam ob rem de primo primum, si placet, disputemus. C.F. Mihi vero placet. C.P. Ac laudandi vituperandique rationes, quae non ad bene dicendum solum sed etiam ad honeste vivendum valent, exponam breviter, atque a principiis exordiar et laudandi et vituperandi.

[71] Omnia enim sunt profecto laudanda quae coniuncta cum virtute sunt, et quae cum vitiis, vituperanda. Quam ob rem finis alterius est honestas, alterius turpitudo. Conficitur autem genus hoc dictionis narrandis exponendisque factis sine ullis argumentationibus, ad animi motus leniter tractandos magis quam ad fidem faciendam aut confirmandam accommodate. Non enim dubia firmantur sed ea quae certa aut pro certis posita sunt augentur. Quam ob rem ex eis quae ante dicta sunt et narrandi et augendi praecepta repetentur. [72] Et quoniam in his causis omnis ratio fere ad voluptatem auditoris et ad delectationem refertur, utendum erit eis in oratione singulorum verborum insignibus quae habent plurimum suavitatis: id est ut factis verbis aut vetustis aut translatis frequenter utamur, et in ipsa constructione verborum ut paria paribus et similia similibus saepe referantur, ut contraria, ut geminata, ut circumscripta numerose, non ad similitudinem versuum, sed ad explendum aurium sensum, apto quodam quasi verborum modo. [73] Adhibendaque frequentius etiam illa ornamenta rerum sunt, sive quae admirabilia et nec opinata, sive significata monstris, prodigiis, oraculis, sive quae videbuntur ei de quo agimus accidisse divina atque fatalia. Omnis enim exspectatio eius qui audit et admiratio et improvisi exitus habent aliquam in audiendo voluptatem. [74] Sed quoniam tribus in generibus bona malave versantur, externis, corporis, animi, prima sunt externa, quae ducuntur a genere: quo breviter modiceque laudato aut si erit infame praetermisso, si humile, vel praeterito vel ad augendam eius quem laudes gloriam tracto; deinceps si res patietur de fortunis erit et facultatibus dicendum, postea de corporis bonis, in quibus quidem quae virtutem maxime significat facillime forma laudatur. [75] Deinde est ad facta veniendum, quorum collocatio triplex est: aut enim temporum servandus est ordo aut in primis recentissimum quodque dicendum aut multa et varia facta in propria virtutum genera sunt dirigenda. Sed hic locus virtutum atque vitiorum latissime patens ex multis et variis disputationibus nunc in quamdam angustam et brevem concludetur. [76] Est igitur vis virtutis

duplex; aut enim scientia cernitur virtus, aut actione. Nam quae prudentia, quae calliditas, quaeque gravissimo nomine sapientia appellatur, haec scientia pollet una; quae vero moderandis cupiditatibus regendisque animi motibus laudatur, eius est munus in agendo; cui temperantiae nomen est. Atque illa prudentia in suis rebus domestica, in publicis civilis appellari solet. [77] Temperantia autem in suas itidem res et in communes distributa est, duobusque modis in rebus commodis discernitur, et ea quae absunt non expetendo et ab eis quae in potestate sunt abstinendo. In rebus autem incommodis est itidem duplex; nam quae venientibus malis obstat fortitudo, quae quod iam adest tolerat et perfert patientia nominatur. Quae autem haec uno genere complectitur, magnitudo animi dicitur: cuius est liberalitas in usu pecuniae, simulque altitudo animi in capiendis incommodis et maxime iniuriis, et omne quod est eius generis, grave, sedatum [non turbulentum]. [78] In communione autem quae posita pars est, iustitia dicitur, eaque erga deos religio, erga parentes pietas, vulgo autem bonitas, creditis in rebus fides, in moderatione animadvertendi lenitas, amicitia in benevolentia nominatur. Atque hae quidem virtutes cernuntur in agendo. Sunt autem aliae quasi ministrae comitesque sapientiae, quarum altera quae sint in disputando vera atque falsa quibusque positis quid sequatur distinguit et iudicat, quae virtus omnis in ratione scientiaque disputandi sita est; altera autem oratoria. [79] Nihil enim est aliud eloquentia nisi copiose loquens sapientia, quae ex eodem hausta genere quo illa quae in disputando est, uberior est atque latior et ad motus animorum vulgique sensus accommodatior. Custos vero virtutum omnium dedecus fugiens laudemque maxime consequens verecundia est. Atque hi sunt fere quasi quidam habitus animi sic affecti et constituti ut sint singuli inter se proprio virtutis genere distincti: a quibus ut quaeque res gesta est, ita sit honesta necesse est summeque laudabilis.

[80] Sunt autem alii quidam animi habitus ad virtutem quasi praeculti et praeparati rectis studiis et artibus, ut in suis rebus studia litterarum, ut numerorum ac sonorum, ut mensurae, ut siderum, ut equorum, ut venandi, ut armorum, in communibus propensiora studia in aliquo genere virtutis praecipue colendo aut divinis rebus deserviendo aut parentibus, amicis, hospitibus praecipue atque insigniter diligendis. [81] Atque haec quidem virtutum; vitiorum autem sunt genera contraria. Cernenda autem sunt diligenter, ne fallant ea nos vitia, quae virtutem videntur imitari. Nam et prudentiam malitia et temperantiam immanitas in voluptatibus aspernandis et magnitudinem animi superbia in nimis extollendis et despicientia in contemnendis honoribus et liberalitatem effusio et fortitudinem audacia imitatur et patientiam duritia immanis et iustitiam acerbitas et religionem superstitio et lenitatem mollitia animi et verecundiam timiditas et illam disputandi prudentiam concertatio captatioque verborum, et hanc oratoriam vim inanis quaedam profluentia loquendi. Studiis autem bonis similia

videntur ea quae sunt in eodem genere nimia. [82] Quam ob rem omnis vis laudandi vituperandique ex his sumetur virtutum vitiorumque partibus; sed in toto quasi contextu orationis haec erunt illustranda maxime, quemadmodum quisque generatus, quemadmodum educatus, quemadmodum institutus moratusque fuerit, et si quid cui magnum aut incredibile acciderit, maximeque si id divinitus accidisse potuerit videri; tum quod quisque senserit, dixerit, gesserit ad ea quae proposita sunt virtutum genera accommodabuntur, ex illisque eisdem inveniendi locis causae rerum et eventus et consequentia requirentur. Neque vero mors eorum quorum vita laudabitur silentio praeteriri debebit, si modo quid erit animadvertendum aut in ipso genere mortis aut in eis rebus quae post mortem erunt consecutae.

[83] C.F. Accepi ista, didicique breviter non solum quemadmodum laudarem alterum sed etiam quemadmodum eniterer ut possem ipse iure laudari. Videamus igitur deinceps in sententia dicenda quam viam et quae praecepta teneamus. C.P. Est igitur in deliberando finis utilitas, ad quem omnia ita referuntur in consilio dando sententiaque dicenda ut illa prima sint suasori aut dissuasori videnda, quid aut possit fieri aut non possit et quid aut necesse sit aut non necesse. Nam et si quid effici non potest, deliberatio tollitur quamvis utile sit, et si quid necesse est (necesse autem id est sine quo salvi liberive esse non possumus), id est reliquis et honestatibus in civili ratione et commodis anteponendum. [84] Cum autem quaeritur quid fieri possit, videndum etiam est quam facile possit; nam quae perdifficilia sunt perinde habenda saepe sunt ac si effici non possint. Et cum de necessitate attendemus, etsi aliquid non necessarium videbitur, videndum tamen erit quam sit magnum; quod enim permagnum est pro necessario saepe habetur. [85] Itaque cum constet hoc genus causarum ex suasione et dissuasione, suasori proponitur simplex ratio, si et utile est et fieri potest, fiat, dissuasori duplex, una, si non utile est, ne fiat, altera, si fieri non potest, ne suscipiatur. Sic suasori utrumque docendum est, dissuasori alterum infirmare sat est. [86] Quare quoniam in his versatur omne consilium duobus, de utilitate ante dicamus, quae in discernendis bonis malisque versatur. Bonorum autem partim necessaria sunt, ut vita, pudicitia, libertas, partim non necessaria, ut liberi, coniuges, germani, parentes: quorum alia sunt per se expetenda, ut ea quae sita sunt in officiis atque virtutibus, alia quod aliquid commodi efficiunt, ut opes et copiae. [87] Eorum autem quae propter se expetuntur partim honestate ipsa, partim commoditate aliqua expetuntur: honestate ea quae proficiscuntur ab eis virtutibus de quibus paullo ante est dictum, quae sunt laudabilia ipsa per se: commoditate autem aliqua quae sunt in corporis aut in fortunae bonis expetenda, quorum alia sunt quasi cum honestate coniuncta, ut honos, ut gloria, alia diversa, ut vires, forma, valetudo, nobilitas, divitiae, clientelae. [88] Est etiam quaedam quasi materies subiecta honestati, quae maxime

spectatur in amicitiis. Amicitiae autem caritate et amore cernuntur; nam cum deorum tum parentum patriaeque cultus eorumque hominum qui aut sapientia aut opibus excellunt ad caritatem referri solet, coniuges autem et liberi et fratres et alii quos usus familiaritasque coniunxit, quamquam etiam caritate ipsa, tamen amore maxime continentur. In his igitur rebus cum bona sint, facile est intellectu quae sint contraria. [89] Quodsi semper optima tenere possemus, haud sane, quoniam quidem ea perspicua sunt, consilio multum egeremus. Sed quia temporibus, quae vim habent maximam, persaepe evenit ut utilitas cum honestate certet, earumque rerum contentio plerumque deliberationes efficit ne aut opportuna propter dignitatem aut honesta propter utilitatem relinquantur, ad hanc difficultatem explicandam praecepta referamus. [90] Et quoniam non ad veritatem solum sed etiam ad opiniones eorum qui audiunt accommodanda est oratio, hoc primum intellegamus, hominum duo esse genera, alterum indoctum et agreste, quod anteferat semper utilitatem honestati, alterum humanum et politum, quod rebus omnibus dignitatem anteponat. Itaque huic generi laus, honor, gloria, fides, iustitia, omnisque virtus, illi autem alteri quaestus emolumentum fructusque proponitur. Atque etiam voluptas, quae maxime est inimica virtuti bonique naturam fallaciter imitando adulterat, quam immanissimus quisque acerrime sequitur, neque solum honestis rebus sed etiam necessariis anteponit, in suadendo, cum ei generi hominum consilium des, saepe sane laudanda est.

[91] Et illud videndum, quanto magis homines mala fugiant quam sequantur bona. Nam neque honesta tam expetunt quam devitant turpia; quis enim honorem, quis gloriam, quis laudem, quis ullum decus tam umquam expetat quam ignominiam, infamiam, contumeliam, dedecus fugiat? quarum rerum dolor gravis est testis genus hominum ad honestatem natum, malo cultu pravisque opinionibus corruptum. Quare in cohortando atque suadendo propositum quidem nobis erit illud, ut doceamus qua via bona consequi malaque vitare possimus; [92] sed apud homines bene institutos plurimum de laude et de honestate dicemus, maximeque ea virtutum genera tractabimus quae in communi hominum utilitate tuenda augendaque versantur. Sin apud indoctos imperitosque dicemus, fructus, emolumenta, voluptates vitationesque dolorum proferantur; addantur etiam contumeliae atque ignominiae; nemo enim est tam agrestis quem non, si ipsa minus honestas, contumelia tamen et dedecus magnopere moveat. [93] Quare quod ad utilitatem spectat ex eis quae dicta sunt reperietur: quod autem, possit effici necne, in quo etiam quam facile possit quamque expediat quaeri solet, maxime ex causis eis quae quamque rem efficiant est videndum. Causarum autem genera sunt plura; nam sunt aliae quae ipsae conficiunt, aliae quae vim aliquam ad conficiendum afferunt. Itaque illae superiores conficientes vocentur, hae reliquae ponantur in eo genere ut sine his confici non possit. [94] Conficiens autem causa alia est absoluta et perfecta per se,

alia aliquid adiuvans et efficiendi socia quaedam: cuius generis vis varia est, et saepe aut maior aut minor, ut et illa quae maximam vim habet sola saepe causa dicatur. Sunt autem aliae causae quae aut propter principium aut propter exitum conficientes vocantur. Cum autem quaeritur quid sit optimum factu, aut utilitas aut spes efficiendi ad assentiendum impellit animos.

[95] Et quoniam de utilitate iam diximus, de efficiendi ratione dicamus. Quo toto in genere quibuscum et contra quos et quo tempore et quo loco quibus facultatibus armorum, pecuniae, sociorum, earumve rerum quae ad quamque rem efficiendam pertinent possimus uti requirendum est. Neque solum ea sunt quae nobis suppetunt sed etiam illa quae adversantur videnda; et si ex contentione procliviora erunt nostra, non solum effici posse quae suademus erit persuadendum sed curandum etiam ut illa facilia, proclivia, iucunda videantur. Dissuadentibus autem aut utilitas labefactanda est aut efficiendi difficultates efferendae, neque aliis ex praeceptis sed eisdem ex suasionis locis. [96] Uterque vero ad augendum habeat exemplorum aut recentium quo notiora sint aut veterum quo plus auctoritatis habeant, copiam; maximeque sit in hoc genere meditatus, ut possit vel utilia ac necessaria saepe honestis vel haec illis anteferre. Ad commovendos autem animos maxime proficient, si incitandi erunt, huiusmodi sententiae quae aut ad explendas cupiditates aut ad odium satiandum aut ad ulciscendas iniurias pertinebunt; sin autem reprimendi, de incerto statu fortunae dubiisque eventis rerum futurarum et retinendis suis fortunis si erunt secundae, sin autem adversae, de periculo commonendi. Atque hi quidem sunt perorationis loci. [97] Principia autem in sententiis dicendis brevia esse debent; non enim supplex ut ad iudicem venit orator sed hortator atque auctor. Quare proponere qua mente dicat, quid velit, quibus de rebus dicturus sit debet, hortarique ad se breviter dicentem audiendum. Tota autem oratio simplex et gravis et sententiis debet ornatior esse quam verbis.

[98] C.F. Cognovi iam laudationis et suasionis locos: nunc quae iudiciis accommodata sint exspecto, idque nobis genus restare unum puto. C.P. Recte intellegis. Atque eius quidem generis finis est aequitas, quae non simpliciter spectatur sed ex comparatione nonnumquam, ut cum de verissimo accusatore disputatur aut cum hereditatis sine lege aut sine testamento petitur possessio, in quibus causis quid aequius aequissimumve sit quaeritur; quas ad causas facultas petitur argumentationum ex eis de quibus mox dicetur aequitatis locis. [99] Atque etiam ante iudicium de constituendo ipso iudicio solet esse contentio, cum aut sitne actio illi qui agit aut iamne sit aut num iam esse desierit aut illane lege hisne verbis sit actio quaeritur. Quae etiamsi ante quam res in iudicium venit aut concertata aut diiudicata aut confecta non sunt, tamen in ipsis iudiciis permagnum saepe habent pondus cum ita dicitur: plus petisti; sero petisti; non fuit tua

petitio; non a me, non hac lege, non his verbis, non hoc iudicio. [100] Quarum causarum genus est positum in iure civili quod est in privatarum rerum lege aut more positum; cuius scientia neglecta ab oratoribus plerisque nobis ad dicendum necessaria videtur. Quare de constituendis actionibus, de accipiendis subeundisque iudiciis, de excipienda iniquitate actionis, de comparanda aequitate, quod ea fere generis eius sunt ut quamquam in ipsum iudicium saepe delabantur tamen ante iudicium tractanda videantur, paullulum ea separo a iudiciis tempore magis agendi quam dissimilitudine generis. Nam omnia quae de iure civili aut de aequo et bono disceptantur cadunt in eam formam in qua quale quid sit ambigitur, de qua dicturi sumus; quae in aequitate et iure maxime consistit.

[101] In omnibus igitur causis tres sunt gradus ex quibus unus aliquis capiendus est, si plures non queas, ad resistendum. Nam aut ita constituendum est ut id quod obiicitur factum neges, aut illud quod factum fateare neges eam vim habere atque id esse quod adversarius criminetur, aut si neque de facto neque de facti appellatione ambigi potest, id quod arguere neges tale esse quale ille dicat et rectum esse quod feceris concedendumve defendas. [102] Ita primus ille status et quasi conflictio cum adversario coniectura quadam, secundus autem definitione atque descriptione aut informatione verbi, tertius aequi et veri et recti et humani ad ignoscendum disputatione tractandus est. Et quoniam semper is qui defendit non solum resistat oportet aliquo statu aut infitiando aut definiendo aut aequitate opponenda sed etiam rationem subiiciat recusationis suae, primus ille status rationem habet iniqui criminis, ipsam negationem infitiationemque facti; secundus quod non sit in re quod ab adversario ponatur in verbo; tertius quod id recte factum esse defendat quod sine ulla nominis controversia factum fatetur. [103] Deinde uni cuique rationi opponendum est ab accusatore id quod si non esset in accusatione, causa omnino esse non posset. Itaque ea quae sic referuntur continentia causarum vocentur: quamquam non ea magis quae contra rationem defensionis afferuntur quam ipsae defensionis rationes continent causas. Sed distinguendi gratia rationem appellamus eam quae affertur ab reo ad recusandum depellendi criminis causa, quae nisi esset, quod defenderet non haberet: firmamentum autem quod contra ad labefactandam rationem refertur, sine quo accusatio stare non potest.

[104] Ex rationis autem et firmamenti conflictione et quasi concursu quaestio exoritur quaedam quam disceptationem voco: in qua quid veniat in iudicium et de quo disceptetur quaeri solet. Nam prima adversariorum contentio diffusam habet quaestionem; ut in coniectura, ceperitne pecunias Decius; in definitione, minueritne maiestatem Norbanus; in aequitate, iurene occiderit Opimius Gracchum. Haec, quae primam contentionem habent ex arguendo et resistendo, lata, ut dixi, et fusa sunt; rationum et firmamentorum contentio adducit in angustum disceptationem. Ea in

coniectura nulla est; nemo enim eius quod negat factum rationem aut potest aut debet aut solet reddere. Itaque in his causis eadem et prima quaestio, et disceptatio est extrema. [105] In illis autem ubi ita dicitur: 'Non minuit maiestatem quod egit de Caepione turbulentius; populi enim Romani dolor iustus vim illam excitavit, non tribuni actio; maiestas autem, quoniam est magnitudo quaedam, populi Romani in eius potestate ac iure retinendo aucta est potius quam diminuta,' et ubi ita refertur: 'Maiestas est in imperii atque in nominis populi Romani dignitate, quam minuit is qui per vim multitudinis rem ad seditionem vocavit,' exsistit illa disceptatio, minueritne maiestatem qui voluntate populi Romani rem gratam et aequam per vim egerit. [106] In eis autem causis ubi aliquid recte factum aut concedendum esse defenditur, cum est facti subiecta ratio, sicut ab Opimio: 'Iure feci, salutis omnium et conservandae reipublicae causa,' relatumque est ab Decio: 'Ne sceleratissimum quidem civem sine iudicio iure ullo necare potuisti,' oritur illa disceptatio: potueritne recte salutis reipublicae causa civem eversorem civitatis indemnatum necare. Ita disceptationes eae quae in his controversiis oriuntur quae sunt certis personis et temporibus notatae fiunt rursus infinitae detractis et temporibus et personis, et rursum ad consultationis formam rationemque revocantur. [107] Sed in gravissimis firmamentis etiam illa ponenda sunt, si qua ex scripto legis aut testamenti aut verborum ipsius iudicii aut alicuius stipulationis aut cautionis opponuntur defensioni contraria. Ac ne hoc quidem genus in eas causas incurrit quae coniectura continentur; quod enim factum negatur, id argui non potest scripto. Ne in definitionem quidem venit genere scripti ipsius; nam etiamsi verbum aliquod de scripto definiendum est quam vim habeat, ut cum ex testamentis quid sit penus aut cum ex lege praedii quaeritur quae sint ruta caesa, non scripti genus sed verbi interpretatio controversiam parit. [108] Cum autem aut plura significantur scripto propter verbi aut verborum ambiguitatem, ut liceat ei qui contra dicat eo trahere significationem scripti quo expediat ac velit, aut, si ambigue scriptum non sit, vel a verbis voluntatem et sententiam scriptoris abducere vel alio se eadem de re contrarie scripto defendere, tum disceptatio ex scripti contentione exsistit, ut in ambiguis disceptetur quid maxime significetur, in scripti sententiaeque contentione, utrum potius sequatur iudex, in contrariis scriptis, utrum magis sit comprobandum.

[109] Disceptatio autem cum est constituta, propositum esse debet oratori quo omnes argumentationes repetitae ex inveniendi locis coniiciantur. Quod quamquam satis est ei qui videt quid in quoque loco lateat quique illos locos tamquam thesauros aliquos argumentorum notatos habet, tamen ea quae sunt certarum causarum propria tangemus. [110] In coniectura igitur, cum est in infitiando reus, accusatori haec duo prima sunt--sed accusatorem pro omni actore et petitore appello: possunt enim etiam sine accusatione in causis haec eadem controversiarum genera versari--sed haec

duo sunt ei prima, causa et eventus. Causam appello rationem efficiendi, eventum id quod est effectum. Atque ipsa quidem partitio causarum paullo ante in suasionis locis distributa est. [111] Quae enim in consilio capiendo futuri temporis praecipiebantur, quam ob rem aut utilitatem viderentur habitura aut efficiendi facultatem, eadem qui de facto argumentabitur colligere debebit, quam ob rem et utilia illi quem arguet fuisse et ab eo effici potuisse demonstret. Utilitatis coniectura movetur si illud quod arguitur aut spe bonorum aut malorum metu fecisse dicitur, quod eo fit acrius quo illa in utroque genere maiora ponuntur. [112] Spectant etiam ad causam facti motus animorum, si ira recens, si odium vetus, si ulciscendi studium, si iniuriae dolor, si honoris, si gloriae, si imperii, si pecuniae cupiditas, si periculi timor, si aes alienum, si angustiae rei familiaris: si audax, si levis, si crudelis, si impotens, si incautus, si insipiens, si amans, si commota mente, si vinolentus, si cum spe efficiendi, si cum opinione celandi aut si patefactum esset depellendi criminis, vel perrumpendi periculi, vel in longinquum tempus differendi: aut si iudicii poena levior quam facti praemium: aut si facinoris voluptas maior quam damnationis dolor. [113] His fere rebus facti suspicio confirmatur, cum et voluntatis in reo causae reperiuntur et facultas. In voluntate autem utilitas ex adeptione alicuius commodi vitationeque alicuius incommodi quaeritur, ut aut spes aut metus impulisse videatur, aut aliquis repentinus animi motus, qui etiam citius in fraudem quam ratio utilitatis impellit. Quam ob rem sint haec dicta de causis.

[114] C.F. Teneo, et quaero qui sint illi eventus quos ex causis effici dixisti. C.P. Consequentia quaedam signa praeteriti et quasi impressa facti vestigia: quae quidem vel maxime suspicionem movent et quasi tacita sunt criminum testimonia, atque hoc quidem graviora quod causae communiter videntur insimulare et arguere omnes posse quorum modo interfuerit aliquid: haec proprie attingunt eos ipsos qui arguuntur, ut telum, ut vestigium, ut cruor, ut deprehensum aliquid, quod ablatum ereptumve videatur, ut responsum inconstanter, ut haesitatum, ut titubatum, ut cum aliquo visus ex quo suspicio oriatur, ut eo ipso in loco visus in quo facinus, ut pallor, ut tremor, ut scriptum aut obsignatum aut depositum quippiam. Haec enim et talia sunt quae aut in re ipsa aut etiam ante quam factum est aut postea suspiciosum crimen efficiant. [115] Quae si non erunt, tamen causis ipsis et efficiendi facultatibus niti oportebit, adiuncta illa disputatione communi, non fuisse illum tam amentem ut indicia facti aut effugere aut occultare non posset, ut ita apertus esset, ut locum crimini relinqueret. Communis ille contra locus, audaciam temeritati, non prudentiae esse coniunctam. [116] Sequitur autem ille locus ad augendum, non esse exspectandum dum fateatur, argumentis peccata convinci; et hic etiam exempla ponentur.

[117] Atque haec quidem de argumentis. Sin autem erit etiam testium facultas, primum genus erit ipsum laudandum, dicendumque ne argumentis

teneretur reus ipsum sua cautione effecisse, testes effugere non potuisse; deinde singuli laudentur [quae autem essent laudabilia dictum est]; deinde etiam argumento firmo, quia tamen saepe falsum est, posse recte non credi, viro bono et firmo sine vitio iudicis non posse non credi; atque etiam, si obscuri testes erunt aut tenues, dicendum erit non esse ex fortuna fidem ponderandam, aut eos esse cuiusque locupletissimos testes qui id de quo agatur facillime scire possint. Sin quaestiones habitae aut postulatio ut habeantur causam adiuvabunt, confirmandum genus primum quaestionum erit, dicendum de vi doloris, de opinione maiorum, qui eam rem totam nisi probassent certe repudiassent; [118] de institutis Atheniensium, Rhodiorum, doctissimorum hominum, apud quos etiam (id quod acerbissimum est) liberi civesque torquentur; de nostrorum etiam prudentissimorum hominum institutis, qui cum de servis in dominos quaeri noluissent, de incestu tamen, et coniuratione quae facta me consule est, quaerendum putaverunt. Irridenda etiam disputatio est qua solent uti ad infirmandas quaestiones et meditata puerilisque dicenda. Tum facienda fides diligenter esse et sine cupiditate quaesitum, dictaque quaestionis argumentis et coniectura ponderanda. Atque haec accusationis fere membra sunt.

[119] Defensionis autem primum infirmatio causarum: aut non fuisse, aut non tantas, aut non sibi soli, aut commodius potuisse idem consequi, aut non eis se esse moribus, non ea vita, aut nullos animi motus aut non tam impotentes fuisse. Facultatum autem infirmatione utetur si aut vires aut animum aut copias aut opes abfuisse demonstrabit, aut alienum tempus aut locum non idoneum, aut multos arbitros quorum crederet nemini: aut non se tam ineptum ut id susciperet quod occultare non posset, neque tam amentem ut poenas ac iudicia contemneret. [120] Consequentia autem diluet exponendo non esse illa certa indicia facti quae etiam nullo admisso consequi possent, consistetque in singulis, et ea aut eorum quae ipse facta esse dicit propria esse defendet potius quam criminis, aut si sibi cum accusatore communia essent, pro periculo potius quam contra salutem valere debere; testiumque et quaestionum genus universum et quod poterit in singulis ex reprehensionis locis de quibus ante dictum est refellet. [121] Harum causarum principia suspiciosa ad acerbitatem ab accusatore ponentur, denuntiabiturque insidiarum commune periculum, excitabunturque animi ut attendant. Ab reo autem querela conflati criminis collectarumque suspicionum et accusatoris insidiae et item commune periculum proferetur, animique ad misericordiam allicientur et modice benevolentia iudicum colligetur. Narratio autem accusatoris erit quasi membratim gesti negotii suspiciosa explicatio, sparsis omnibus argumentis, obscuratis defensionibus; defensori aut praeteritis aut obscuratis suspicionum argumentis rerum ipsarum eventus erunt casusque narrandi. [122] In confirmandis autem nostris argumentationibus infirmandisque contrariis saepe erunt accusatori motus animorum incitandi, reo mitigandi.

Atque haec quidem utrique maxime in peroratione facienda-- alteri frequentatione argumentorum et coacervatione universa, alteri, si plane causam redarguendo explicarit, enumeratione ut quidque diluerit et miseratione ad extremum.
[123] C.F. Scire mihi iam videor quemadmodum coniectura tractanda sit. Nunc de definitione audiamus. C.P. Communia dantur in isto genere accusatori defensorique praecepta. Uter enim definiendo describendoque verbo magis ad sensum iudicis opinionemque penetrarit, et uter ad communem verbi vim et ad eam praeceptionem quam incohatam habebunt in animis ei qui audient magis et propius accesserit, is vincat necesse est. [124] Non enim argumentando hoc genus tractatur sed tamquam explicando excutiendoque verbo, ut si in reo pecunia absoluto rursusque revocato praevaricationem accusator esse definiat omnem iudicii corruptelam ab reo, defensor autem non omnem sed tantummodo accusatoris corruptelam ab reo: sit ergo haec contentio prima verborum, in qua, etiamsi propius accedat ad consuetudinem mentemque sermonis defensoris definitio, tamen accusator sententia legis nititur; [125] negat enim probari oportere eos qui leges scripserint ratum habere iudicium si totum corruptum sit, si unus accusator corruptus sit non rescindere: nititur aequitate, ut utilitate scribenda lex sit, quaeque tum complecteretur in iudiciis corruptis ea verbo uno praevaricationis comprehendisse dicitur. [126] Defensor autem testabitur consuetudinem sermonis, verbique vim ex contrario reperiet, quasi ex vero accusatore, cui contrarium est nomen praevaricatoris; ex consequentibus, quod ea littera de accusatore solet dari iudici; ex nomine ipso, quod significat eum qui in contrariis causis quasi vare esse positus videatur. Sed huic tamen ipsi confugiendum est ad aequitatis locos, ad rerum iudicatarum auctoritatem, ad finem aliquem periculi; communeque sit hoc praeceptum, ut cum uterque definierit quam maxime potuerit ad communem sensum vimque verbi, tum similibus exemplisque eorum qui ita locuti sunt suam definitionem sententiamque confirmet. [127] Atque accusatori in hoc genere causarum locus ille communis, minime esse concedendum ut is qui de re confiteatur verbi se interpretatione defendat; defensor autem et ea quam proposui aequitate nitatur et ea cum secum faciat non re sed depravatione verbi se urgeri queratur. Quo in genere percensere poterit plerosque inveniendi locos; nam et similibus utetur et contrariis et consequentibus quamquam uterque, tamen reus, nisi plane erit absurda causa, frequentius. [128] Amplificandi autem causa, quae aut cum degredientur a causa dici volent aut cum perorabunt, haec vel ad odium vel ad misericordiam vel omnino ad animos iudicum movendos ex eis quae sunt ante posita sumentur, si modo rerum magnitudo hominumve aut invidia aut dignitas postulabit.
[129] C.F. Habeo ista; nunc ea quae cum quale sit quippiam disceptatur quaeri ex utraque parte deceat velim audire. C.P. Confitentur in isto genere

qui arguuntur se id fecisse ipsum in quo reprehenduntur, sed quoniam iure se fecisse dicunt, iuris est omnis ratio nobis explicanda. Quod dividitur in duas partes primas, naturam atque legem, et utriusque generis vis in divinum et humanum ius est distributa, quorum aequitatis est unum, alterum religionis. [130] Aequitatis autem vis est duplex, cuius altera directa et veri et iusti et ut dicitur aequi et boni ratione defenditur, altera ad vicissitudinem referendae gratiae pertinet, quod in beneficio gratia, in iniuria ultio nominatur. Atque haec communia sunt naturae atque legis, sed propria legis et ea quae scripta sunt et ea quae sine litteris aut gentium iure aut maiorum more retinentur. Scriptorum autem privatum aliud est, publicum aliud: publicum lex, senatusconsultum, foedus, privatum tabulae, pactum conventum, stipulatio. Quae autem scripta non sunt, ea aut consuetudine aut conventis hominum et quasi consensu obtinentur, atque etiam hoc in primis, ut nostros mores legesque tueamur quodammodo naturali iure praescriptum est. [131] Et quoniam breviter aperti fontes sunt quasi quidam aequitatis, meditata nobis ad hoc causarum genus esse debebunt ea quae dicenda erunt in orationibus de natura, de legibus, de more maiorum, de propulsanda iniuria, de ulciscenda, de omni parte iuris. Si imprudenter aut necessitate aut casu quippiam fecerit quod non concederetur eis qui sua sponte et voluntate fecissent, ad eius facti deprecationem ignoscendi petenda venia est quae sumetur ex plerisque locis aequitatis. Expositum est ut potui brevissime de omni controversiarum genere--nisi praeterea tu quid requiris.

[132] C.F. Illud equidem quod iam unum restare video, quale sit cum disceptatio versatur in scriptis. C.P. Recte intellegis; eo enim exposito munus promissi omne confecero. Sunt igitur ambigui duobus adversariis praecepta communia. Uterque enim hanc significationem qua utetur ipse dignam scriptoris prudentia esse defendet: uterque id quod adversarius ex ambigue scripto intellegendum esse dicet aut absurdum aut inutile aut iniquum aut turpe esse defendet aut etiam discrepare cum ceteris scriptis vel aliorum vel maxime si poterit eiusdem; quamque defendet ipse eam rem et sententiam quemvis prudentem et iustum hominem si ad integrum daretur scripturum fuisse, sed planius; [133] eamque sententiam quam significari posse dicet nihil habere aut captionis aut vitii, contrariam autem si probarint, fore ut multa vitia, stulta, iniqua, contraria consequantur. Cum autem aliud scriptor sensisse videtur et aliud scripsisse, qui scripto nitetur, eum re exposita recitatione uti oportebit, deinde instare adversario, iterare, renovare, interrogare num aut scriptum neget aut contra factum infitietur; post iudicem ad vim scripti vocet. [134] Hac confirmatione usus amplificet rem lege laudanda audaciamque confutet eius qui, cum palam contra fecerit idque fateatur, adsit tamen factumque defendat. Deinde infirmet defensionem: cum adversarius aliud voluisse, [aliud sensisse] scriptorem, aliud scripsisse dicat, non esse ferendum a quoquam potius latoris sensum

quam a lege explicari: cur ita scripserit si ita non senserit? cur, cum ea quae plane scripta sint neglexerit, quae nusquam scripta sint proferat? cur prudentissimos in scribendo viros summae stultitiae putet esse damnandos? quid impedierit scriptorem quo minus exciperet illud quod adversarius tamquam si exceptum esset ita dicit se secutum? [135] Utetur exemplis eis quibus idem scriptor aut, si id non poterit, quibus alii quod excipiendum putarint exceperint. Quaerenda etiam ratio est, si qua poterit inveniri, quare non sit exceptum; aut iniqua lex aut inutilis futura dicetur, aut alia causa obtemperandi, alia abrogandi: dissentire adversarii vocem atque legis. Deinde amplificandi causa de conservandis legibus, de periculo rerum publicarum atque privatarum cum aliis locis, tum in perorando maxime graviter erit vehementerque dicendum.

[136] Ille autem qui se sententia legis voluntateque defendet, in consilio atque in mente scriptoris, non in verbis ac litteris vim legis positam esse defendet, quodque nihil exceperit in lege laudabit, ne diverticula peccatis darentur atque ut ex facto cuiusque iudex legis mentem interpretaretur. Deinde erit utendum exemplis in quibus omnis aequitas perturbetur si verbis legum ac non sententiis pareatur. [137] Deinde genus eiusmodi calliditatis et calumniae retrahatur in odium iudicis cum quadam invidiosa querela. Et si incidet imprudentiae causa quae non ad delictum sed ad casum necessitatemve pertineat, quod genus paullo ante attigimus, erit eisdem aequitatis sententiis contra acerbitatem verborum deprecandum. Sin scripta inter se dissentient, tanta series artis est et sic inter se sunt pleraque connexa et apta, ut quae paullo ante praecepta dedimus ambigui quaeque proxime sententiae et scripti, eadem ad hoc genus causae tertium transferantur. [138] Nam quibus locis in ambiguo defendimus eam significationem quae nos adiuvat, eisdem in contrariis legibus nostra lex defendenda est. Deinde est efficiendum ut alterius scripti sententiam, alterius verba defendamus. Ita quae modo de scripto sententiaque praecepta sunt, eadem huc omnia transferemus.

[139] Expositae sunt tibi omnes oratoriae partitiones, quae quidem e media illa nostra Academia effloruerunt; neque sine ea aut inveniri aut intellegi aut tractari possunt; nam et partiri ipsum et definire et ambigui partitiones dividere et argumentorum locos nosse et argumentationem ipsam concludere, et videre quae sumenda in argumentando sint quidque ex eis quae sumpta sunt efficiatur, et vera a falsis, verisimilia ab incredibilibus diiudicare et distinguere aut male sumpta aut male conclusa reprehendere, et eadem vel anguste disserere, ut dialectici qui appellantur, vel, ut oratorem decet, late exprimere illius exercitationis et subtiliter disputandi et copiose dicendi artis est. [140] De bonis vero rebus et malis, aequis, iniquis, utilibus, inutilibus, honestis, turpibus quam potest habere orator sine illis maximarum rerum artibus facultatem aut copiam? Quare haec tibi sint, mi Cicero, quae exposui, quasi indicia fontium illorum: ad quos si nobis eisdem

ducibus aliisve perveneris, tum et haec ipsa melius et multo maiora alia cognosces. C.F. Ego vero, ac magno quidem studio, mi pater; multisque ex tuis praeclarissimis muneribus nullum maius exspecto.